LETTRE

DE LA

CORDONNIERE

DE LA

REYNE MERE

A MONSIEVR

DE BARADAS.

MONSIEVR,

Encores que nos condi-
tions soient grandement
disproportionées, nos for-
tunes toutefois ont tel raport, que ie me
sens forcée par leurs simpaties: de passer
au delà de to⁹ les respects qui voudroiẽt
me retenir de vous ayder des mesmes
consolations, desquelles mon esprit s'est
seulement entretenu pendant les plus
sensibles mouuemens: dont mon estoi-

gnement de la Cour m'a tourmenté,
lesquels ayant ietté l'escume, & passé la
premiere fougue, qui m'auoit comme
vous mise dans la volonté de mourir; &
le refus de receuoir aucune parole qui
regardast mon desplaisir, ie me suis en
fin aduisée que les puissances inferieu-
res doiuent ceder aux suprémes, & que
les inclinations n'ayant eu pour princi-
pe qu'vne fortuite rencontre d'amitié
pour vous & pour moy, que le mesme
hazard les auoit pû diuertir aussi lege-
rement comme il les auoit persuadez.
Car rentrãt en moy-mesme, & me trou-
uant recommãdable de ce que ie chauf-
sois iustement & à poinct, i'aduoüe in-
genüment que c'estoit prosterner la bõ-
ne fortune, que de la donner pour vne
paire de soulliers. De mesme vos com-
plaisances aux petites chasses, & autres
lieux particuliers, ne pouuoient auec
iustice faire vne si puissante acquisition,
sans estre tousiours à la veille d'en estre
depossedé comme moy. I'ay esté non
seulement tollerée, mais poussée à mes
plaisanteries & libertez de discourir, tãt
que les choses soient remises aux ter-
mes dont elles auoient esté arrachées

en l'année 1617. mais lors que l'on a
veu que de Cordonniere ie pouuois de-
uenir Conseillere, & dire beaucoup de
choses qui offenceroient les vertus Car-
dinales, il m'a fallu gaigner le haut,
quitter mon logement, venir à Loudun
reprendre mon sainct Crespin, dans
le nouicial de vos faueurs; L'on vous
croyoit encore recent de tous, & dans
la continuelle apprehension d'vn Es-
cuyer; Vous estiez simple, & moins in-
trigues, & par consequent moins sus-
pect, ayant estably cette bien-veillance
par l'authorité des charges releuées, &
approché de vos alliances des person-
nes qui pouuoient vous porter à entre-
prendre l'effort, & disposer vos sens à receuoir les conseils machiauellistes pour
les dispenser en temps & lieu. L'on a
employé les mesmes moyens que vous
auez choisi pour support, afin de vous
precipiter plus bas que vous n'auez esté
esleué, il les a tres-bien reüssi. Car main-
tenant que vous reste-t'il qu'vn desplai-
sant souuenir, d'auoir esté tiré de l'Escu-
rie au Cabinet, & d'auoir en deux ans
possedé quatre charges, dont la moin-
dre sera beaucoup si elle vous demeure

entiere. L'vne & l'autre est commu
auec plusieurs plus qualifiez que vou
& partant plus supportables. Vous au
sçeu comme Monsieur le Grand Prie
estoit au commencement l'honneur v
uant & mourant. Il possedoit les pr
mieres amours, & n'y auoit auparaua
que la subuersion de tout ordre qui
peut reculer, & neantmoins vn vent
terre s'esleuer, auec les esperances
Mareschal de Souuré, qui l'enfoncere
si auant dans la Mediteranée, qu'à te
te peine nous l'auons peu retirer
Malte, & depuis il n'a battu que d'v
aisle pour conclusion, pour auoir jet
son cousin sur la charge d'Admiral :
s'est trouué opprimé sous vn pretex
aussi faux que credicule. Les Luyn
ont veu mourir le frere desesperé de s
desespoir. Comment ont-ils subsisté d
le deuoir ? Dequoy ne sont-ils men
sez ? En quelle part n'a esté persecuté
Mareschal de Vitry ? L'on luy a mis
Comte de Chasteau-vilain en test
Beau-Marchais son beau pere a es
poursuiuy à outrance, & son beau fre
la Vieuille non seulement dépoüillé
la surintendance, mais conduit en p
fo

n auéc le chariuary des Pages & La-
ais, où il me souuient que ie vous re-
arquay : car vous n'estiez encore que
rimelin. Vous auez ouy parler de Mót-
ouillant , de quel bon-heur estoit-il
enassé. L'on croit que le moyen de luy
en faire manqua plustost que la vo-
nté. Le peché originel fit ouuerture à
n esloignement, & consequemment
a ruine. Le Mareschal de Schombert
toit le Cheualier sans Reproche , sans
cune apparente consideration. On
y ordonne de prendre l'air à Nan-
uil, & delà à Duretail. * ————— du
hancelier de Sillery a esté grande,
ais iamais il ne pût arrester le Mercu-
, ny empescher son Idole de fils de
nner de son grand nez à terre. La
onne mine du Chancelier Halligre
uoit fait preferer à cinq ou six autres
us habilles & meschans que luy , & sa
mme d'aussi bonne maison que moy,
oit obtint le tabouret aux chambres
s Reynes : Vn petit degoust l'enuoya
Chartres fueilleter les Registres de
n pere : Ne sçauez-vous pas que
hoiras estoit le petit cœur ; Vous
auez comme il estoit perdu, faisant

les sauts perilleux par la fenestre du cabinet dans le fossé, la commiseration
l'empesche de cette cabriolle. Il se
maintient, comme chacun sçait, de son
amy Beaumont, & ce bon homme là
luy mord quelquefois l'oreille, & toutefois il garde l'Isle de Ré contre les
Corsaires d'Alger. Deux heures de
l'absence de Botru ennuyent plus que
trois heures de pluye. I'entends vn
Coeur entretenir ma grand Mere de
ce iugement, peu de iours apres on ne
laisse de l'enuoyer à Rome, sans qu'il
eust deuotion de gaigner les Pardons,
dont il est reuenu pour estre Chasse-
chien du Louure. Ie vous alleguerois
Troussoy, sainct Gery, Boyer. *
Mais ie serois obligée de n'oublier la
Nourrice, & plusieurs autres, dont le
nombre surpasse les Saincts & Saincte
des Litanies. Il y a plus, ne voyez vous
pas que cette année est Climaterique
pour les premiers Gentils-hommes de
la Chambre. Ne remarquez-vous poin
la contenance du Duc de Cheureuse
pour l'absence de sa chaste Tourterell
qu'on a enuoyée chercher Godefro
de Bullion. Liancourt n'est-il pas e

urpoint par les Offices que vous auez
ndus à Crefcy, en faueur de celle que
us fçauez. Voftre charge court-elle
as mefme rifque. Bref depuis vne cheu
*   a cfte tenu pour troíonné;
il ne l'eft, il n'y perdra que l'attente:
e font autant de foüets de ce fubtil
rateur, qui le mefme iour, dont la nuit
t fatable à vne Grandeur, dit en bon-
e compagnie, qu'il falloit entrer en
ne reformation generale, & que le
ouuerain en auoit monftré le chemin;
fe retranchant de deux de fes princi-
ux Officiers, & promettoit d'ofter ce
ui feroit *   l'eloquence iointe à
ne petite recommandation maternel-
, vous fift remarquer le fuperflu, &
ntir en mefme temps les mefmes cho-
s que ce harangueur apprehendoit
ar vne entremife. Icy la preuoyance
           celles qui vous doiuent con-
uire, & adorer les bons pluftoft que
'adherer à celuy dōt l'efprit eft auffi re-
outable, comme fa main eft reputée
fciue. Vous me direz peut eftre, que
n amitié eftant auffi fragile comme
s foupçons perilleux; il vous a deu
ftre indifferent duquel des deux vous

seriez accablé. Il est vray que i'en puis
parler, & dire sans reproche, l'auoir ser-
ui d'vn plat de mon mestier, autre que
de Cordonniere, & assez à propos, dont
i'ay esté mal salariée. Ie l'ay neantmoins
supporté, voyant que ce n'estoit de si
ancienne datte, que Bardin, auquel,
quoy que redoutable, de son premier
employ, & par consequent de son pro-
grez, il n'a laissé de faire banqueroute
laschement au Duc d'Espernon son pro-
tecteur, au temps de sa persecution; Har-
digny bon Copagnon. Le paüure Dua-
gent autheur de son rappel à la Cour, &
generalement à tous ceux ausquels il
estoit plus estroitement obligé, qui ont
par vne communication côfidente, pre-
senté l'interieur. Aussi il me souuient
auoir entendu du Medecin Harmand,
que l'ingratitude estoit vn symptome de
ladrerie. Chacun sçait que cette ladrerie luy fait tousiours chercher vne esta-
ble à part, & se rend aussi souuent inuisi-
ble que les Freres de la Rose-Croix. Il
faut bien qu'il sçache leur Grimoire,
pour faire tant de tours de passe-passe:
Et c'est tout nouueau, qu'vn homme de
sa profession aye pris auec vne seringue

à son derriere, plus de places en six
mois, que le feu Prince d'Orange l'es-
pée à la main en toute sa vie: Sans dou-
te la Rochelle ne sera exempte, n'estoit
qu'il la reserue pour le siege de son Pon-
tificat. Que Thoiras entreprenne dessus
tant qu'il voudra, il n'y fera que sang
tout clair, & cependant il n'y a que nos
Espargnes, toutes ses conquestes. L'on
dit qu'il en faut tirer deux millions,
pour recompenser les despoüilles, au
profit de ses porches, ou de ses gens. Il
auoit donné la *   blanche à S.
Luc, auquel il vouloit prouuer par le
texte de l'Euangile, que la Lieutenan-
ce du Roy en Guyenne, estoit prefera-
ble en *   ie ne sçay ce qui en
          arriué, si celuy qui auoit le
plus grand interest au traicté, n'eust fait
entendre comme son intention contra-
riroit à son dessein. S'il a toutefois man-
qué à celuy-là, il a sçeu d'ailleurs prendre ses mesures, faisant entendre les
charges d'Admiral & de Connestable,
pour de l'vne en tirer les appointemens,
& de l'autre en auoir la fonction, l'vtili-
té & l'authorité sous vn nom desguisé,
& tout pour son entretenement, & de

ſes gens : & Amphibie a bien d'autr┄
reſſorts à faire ioüer, ſi le loiſir luy en e
donné; les *   des Seaux & des F┄
nances ſont à luy, comme les Serger┄
au diable; les Secretaires des Commar┄
demens ſont les premiers Commis. L
plus grande partie des Conſeillers d'F┄
ſtat, n'ont autre action que celle q┄
*   donné; Il a ſes Partiſans dar┄
le Parlement; les gens de guerre le cra┄
gnent plus qu'ils ne l'ayment : La So┄
bonne s'eſt diuiſée par ſes damnabl┄
artifices, c'eſt l'accompliſſement de ┄
Prophetie du Pape Clement VIII.
preſence duquel ne l'a pû retenir ┄
faire ſon entrée en ſon Eueſché par ┄
faux ſerment; il voulut r'abiller le tou┄
mais ſa Sainčteté ne laiſſa de publie┄
que cét homme eſtoit dangereux, & q┄
par ſon moyen il viendroit de grand┄
maux à la Chreſtienté; ſa ſuitte a fait
fera cette verité : Le bonnet qu'il por┄
le rend plus remarquable. N'a-t'il p┄
eſté acquis au prix de la vie de plus ┄
dix mille hommes, & de plus de cer┄
millions d'or? S'il nous fait acheter ┄
reſte de ſon harnois auſſi cherement, ┄
viendra à bout de ſa pretenſion, de vo┄

que toutes choses se côfondêt auec luy,
& estre tellement affermy, que nulle
puiſſance aye le credit de le deſtruire.
Ces raiſons me ſemblent aſſez fortes,
auec les preuues que vous en auez, pour
vous perſuader que vos decadances
eſtoient infaillibles, eſtant butte à ce
grand Chaſſeur, qui ne maintiendra iamais que ſes perperches, ou ceux qui
ſont tellemenr intereſſez dans la proſ-
perité, que le mouuement de ſa fortune
es emporte en la part qu'elle ſe trouue.
Que d'alleguer ſa paſſion au faict de
l'Eſtat ; ſes actions contraires ſont ſi
uiſibles, qu'elles démantent ceux qui
uoudroient nous coëffer de cette per-
uaſion, quand ce ſeroit meſme ſon beau
Theologien, qui veut eſtre appellé véri-
able, qui pour leuer le ſoupçon des que-
tions Quotlibetaires, dont il eſt verita-
lement fauteur, & r'atraper l'Eueſché
u'il couroit hazard de perdre, a vou-
u exalter cette domination au delà de
ous ceux qui l'ont deuancé ; comme
uſſi luy faire tirer ſon origine d'vn des
euf Preux. Impoſture auſſi impudente,
omme il eſt vray que ſon ayeul ayant
uttiné quelque bien en l'eſtat de No-

taire, dont il faifoit profeſſion, vou
s'eſleuer au deſſus de ſon extraction, p
vne Lettre de Nobleſſe qu'il achep
Son pere Gentilhomme vint à Paris ſ
uir d'Equinotte au Preſident Briſſo
ſon compatriotte qui employa ſon c
dit à luy faire eſpouſer la fille d'vn A
uocat, depuis il prit vne petite entr
au Louure, qu'il augmenta par vn m
querellage ſignalé qu'il fit, en faueur
Duc de Ioyeuſe, lors mignon co
me vous eſtiez nagueres. De ſui
il s'acquiſt quelque bien par toutes l
voyes que l'impieté & l'atheiſme l
peuuent fournir. Ie voudrois qu'il m'e
couſté les pendants d'oreilles que l
Anglois ont donné à l'Eueſque de Ma
de, & à la ſainct George; que vous vo
luſſiez venir en noſtre Lodunois, vo
en apprendriez bien d'autres à ce d
faut. I'en feray recueil pour vous e
uoyer par la premiere rencontre, ce
vous aydera non ſeulement à charm
les ennuis de vos diſgraces, mais enc
re ceux que la naiſſance de ſainct S
mon vous peut apporter. On dit que vo
demolitions luy feruiront comme d
materiaux tout trouuez pour baſtir ſo

bon-heur, par ainſi vn clou pouſſe l'autre; & celuy qui s'eſt tenu tres-heureux
d'eſtre veu de vous d'vn bon œil, vous
fait connoiſtre qu'ayant eſté pris de
meſme lieu que vous, il a peu aſpirer à
la meſme condition, & paruenir de
ſorte qu'il ne tiendra qu'à luy de vous
rendre la pareille : Cependant rappel-
lez vos ſens, & vous ſouuenez d'vn diſ-
cours que i'ay quelquefois entendu du
Pere Suffrant, lors que nous eſtions à
Angers, que les aduerſitez ſont les ſouf-
flets dont nos ames ſont allumez à la
vertu, & que de la meſme façon qu'vn
ſouffleur de tiſon fait ſortir pluſieurs
eſtincelles : auſſi par les diſgraces naiſ-
ſent ordinairement mille actions gene-
reuſes de celuy qui eſt tenu pour terraſ-
ſé. Vous pouuez venir dans la pratique
de cette meditation, & d'autāt pluſtoſt
vous reſoudre, que celuy à qui vous eſtes
abſolument redeuable de reuerer. Il n'a
pas meſme pardonné à ſon ſang ; A-t'il
pas tiré ſon frere de la ſolitude, où il
s'entretenoit aux bonnes graces de
Dieu pour l'embaraſſer dans ſes affaires
tout à fait contraires à ſa profeſſion ? Ne
violente-il pas tous les iours les ſainctes

resolutions de sa niepce, la reccuant à la
Cour contre ses vœux, puis qu'il rend
ces mauuais offices au Pere du Crea-
teur? Ne vous plaignez pas de ceux qu'il
a procurez prés des creatures, tous deux
seront vengez quelque iour, & nous par
consequent qui sommes assez ieunes
pour voir tresbucher Baal à la veuë de
ses Prestres. Ce ne sera si tost qu'il est
necessaire pour le bien public, & que le
desire.

L'Estat, l'Empire desormais ne peut estre
Par l'ordre perilleux qui le va destruisant,
Puisqu'un Magique sort qui mon Roy se-
    duisant,
Affermit sa Couronne à la gloire d'on Pre-
    stre.

Vostre tres-humble seruante Catherine
d'Amour, cy-deuant Cordonniere
de la Reyne Mere, &c.

www.ingramcontent.com/pod-product-compliance
Lightning Source LLC
LaVergne TN
LVHW010920180726
843502LV00010B/4220